CARICATURES POLITIQUES.

Riez-en, si vous voulez . . . . .
Mais sur-tout ne vous en fâchez point.

AN VI.

L'independant

CARICATURES POLITIQUE

Riez-en, si vous voulez . . . . .
Mais sur-tout ne vous en fâchez point.

Sous le nom de républicain, l'on remarque cinq classes d'hommes, toutes bien distinctes par leurs principes, leurs genres, leur costume le plus ordinaire, et leur bannière à laquelle chacune a sa devise.

Amusons-nous un instant à les décrire telles que six ans d'expérience ont pu nous les faire connaître.

Voici leurs dénominations.

Première classe ; les *indépendants.*
La seconde, les *exclusifs.* La troisième,

les *achetés* : La quatrième, les *enrichis*, et la cinquième, les *systématiques*.

Nous allons désigner, 1°. les démocrates ou amis du peuple, connus sous le nom d'*indépendants*. Ce sont des hommes fiers et simples, très-près de la nature, connaissant, sans en abuser, le prix de la liberté, attachés aux lois, autant que celles-ci seront parfaitement à l'avantage de la majorité absolue du peuple, amis du Gouvernement, indépendants des *gouverneurs*, ne faisant jamais divorce avec leur conscience et leur patrie, pour épouser les hommes et s'attacher à leur char.

Si quelquefois ils lèvent les yeux sur eux et qu'ils aient l'air de les contempler dans leur gloire et le faux éclat qui les environne, ce n'est jamais l'encensoir à la main, mais avec ce télescope scrutateur qui distingue toujours les ames toutes nues : s'ils leur parlent, ce n'est point pour leur mentir, ni leur demander des grâces : (ils n'en demandent jamais), mais pour leur dire que la roche Tarpéïenne touchait au Capitole.

Ces hommes en général sont très-instruits et capables de grandes choses. Ennemis des abus par qui et au nom de qui ils puissent être commis, si, par circonstance, ils sont obligés de faire de la peine à un citoyen, c'est que l'intérêt général le veut ainsi. Ils n'aiment point les personnalités, ni les haines particulières ; ils méprisent les vieilles injures et ne cherchent jamais à s'en venger. Théophilantropes et Philantropes en même-temps, ils aiment Dieu et les hommes, comme le prescrit la nature. Sachant que l'article 377 de la Constitution française remet le dépôt de la loi au courage de tous les bons citoyens, ils murmurent et grondent comme l'orage éloigné, à la moindre atteinte qu'on y porte.

Leur regard est fier et noble, leur

démarche assurée ; leurs cheveux sont propres, leur linge est blanc, leur costume ordinaire est un pantalon de drap fin ou de tricot, collé sur la cuisse et la jambe : ils sont chaussés en brodequins ou bottines : ils sont vêtus d'un frac court qui découvre leur taille ; ils sont couverts d'un chapeau rond qui n'a rien de ridicule dans sa forme et ses proportions. Leur bannière est aux trois couleurs, parfaitement vives, avec cette devise : LIBERTÉ, ÉGALITÉ, FRATERNITÉ.

L'Exclusif

SECONDE CLASSE.

Dite des Exclusifs.

Ce sont des patriotes vigoureux qui n'ont foi qu'à leur reliques, et qui ne peuvent se mettre dans la tête que l'égoïsme, l'orgueil et l'ignorance leur font faire chaque jour de nouvelles fautes. Ils sont pour la plupart, d'une humeur inquiète, brusque et *suspectante.* Ils ne voyent dans le Gouvernement rien qui aille bien : ils grondent toujours et ne rient que dans l'orage : ils aiment peu à fraterniser ; les patriotes purs et civilisés leur sont même suspects, et les actions de ceux-ci sont souvent par eux des menées et des trahisons. Ils ne veulent point greffer l'arbre, pour lui faire porter du meilleur fruit ; mais ils veulent l'arracher. Ils ne veulent point réformer, n'ayant devers eux aucun moyen de réforme ; mais ils veulent détruire. Ils savent que, pour cela, il

ne faut que du physique, de bons pou-
mons et des bras, et ils en ont.

Leurs yeux ne s'accommodent pas du
grand jour; ils sont mieux dans l'obs-
curité; leurs cheveux sont ordinairement
négligés; leurs costume quelquefois mal-
propre : vêtus souvent d'une veste courte
et d'un gros pantalon de laine, ils por-
tent des souliers bouclés avec des cor-
roies ; ils sont coëffés avec des chapeaux
d'une forme extraordinaire; et ont, six
heures par jour, un *brûle-gueule* à la
bouche, qui, en leur enfumant toute la fi-
gure, leur procure une haleine insuppor-
table; un gros bâton noueux à la main,
un air inquiet, malade ou de mauvaise
humeur : ne sont-ce pas là la plûpart
de nos *exclusifs* ? leur bannière est
fond-rouge liséré de bleu et de blanc,
avec cette devise : VIVRE LIBRE OU
MOURIR.

L'acheté.

TROISIÈME CLASSE.

Les Achetés.

Ceux-ci étaient plus ou moins patriotes, d'autres ne l'étaient pas du tout avant que le Gouvernement ne les eût employés. Néanmoins, à ce qu'ils disent, ils le sont tous devenus ; ils seraient même *exclusifs* , s'ils l'osaient, depuis qu'ils ont des places pécunieuses où dans trois ans ils peuvent s'enrichir sans peine et sans danger. Ils sont en place : on vient en réclamation auprès d'eux : écoutez-les et jugez de leur patriotisme.

C'est une veuve sans soutien et sans appui, qui vient les implorer comme les pères du peuple : elle leur peint, de la manière la plus pathétique, et la plus simple, sa lamentable situation, la perte de son mari et de son fils morts au service de la République, sa misère étrange depuis qu'elle ne les a plus. Elle attend que, par l'entremise des agens immédiats du Gouvernement, ses réclamations parviendront jusqu'au sanctuaire de la justice : mais les *achetés* sont sourds, quand il faut faire un acte de charité, et même de justice; ils répondent à cette infortunée que si la république devait s'occuper individuellement de l'état de souffrance et de misère de chaque citoyen, elle aurait bien à faire; qu'au reste elle doit s'estimer très honorée d'avoir donné à la patrie et son fils et son mari, et que, si elle avait un peu plus de civisme, elle n'en parlerait même pas.

„ Mais, continue la pauvre femme, qui est-ce qui perçoit pour nous les secours que le Gouvernement nous a généreusement accordés en pareil cas, et si nous y avons droit, pourquoi me faire un crime de les réclamer „ ?

„ La bonne mère, allez-vous en : laissez-nous tranquilles. Nous ne pouvons point nous. occuper de vous, ni même vous entendre plus long-temps „.

„ Mais, citoyens, si vous en dites autant à tous ceux qui viennent réclamer auprès de vous, comment rendez-vous justice et de quoi donc vous occupez-vous dans vos places „ ?

„ Un *indépendant* qui accompagnait la veuve lui dit à l'oreille : » sortons, ma bonne, ce sont des *achetés* : mais je me charge de votre affaire, et vous en aurez sous peu de bonnes nouvelles. Ne vous imaginez-pas que cet homme à qui vous avez parlé soit un vrai patriote. Il serait bien fâché, cet homme en place, de faire un acte de justice et d'humanité qui pourrait retomber sur la république et en faire aimer les loix. C'est un homme *acheté*, ne vous y trompez point : allons-nous-en „.

Cette classe est assez nombreuse, et c'est celle qui fait le plus grand mal à l'état. Ils sont costumés d'une manière très négligée ou très-propre, selon leur ancienne habitude ou ce qu'ils étaient auparavant. Ils n'ont point adopté de genre particulier, vû que l'état *d'acheté* ne dure que quelques années et qu'ils entrent de plein droit ensuite dans la quatrième classe dont nous allons parler.

Ils ont l'œil faux, le sourire malin, l'air distrait, quand on leur parle : irascibles comme des dindons, quand on touche à leur amour propre ; cherchant toujours à s'en venger, non en leur propre nom (ce qui ne serait pas modeste) mais à l'occasion de leur éminence.

Leur bannière est aux trois couleurs, pâles et un peu passées, et leur devise : VIVE LA RÉPUBLIQUE.

L'enrichi

QUATRIÈME CLASSE.

Les enrichis

Ceux-ci sont-ils des patriotes ? cette question est un problême que nous résoudrons dans un petit ouvrage fait tout exprès pour eux. Mais, en attendant, parlons-en un instant. Ils n'aiment point les trois premières classes. Ils disent que les *indépendans* sont des hommes terribles, toujours les yeux et les oreilles ouverts à tout ce qui se fait, à tout ce qui se dit, prêts à dénoncer tous les abus, sous prétexte de faire un acte utile à la patrie ; qu'ils les menacent continuellement du prochain *rendre compte* de leur fortune qu'ils traitent d'indécente et de scandaleuse, n'étant faite que des débris d'autrui et des dilapidations du bien public. Ils ne peuvent digérer pareils reproches et pareilles menaces.

Ils n'aiment point les *exclusifs*. Ils sont pour la plûpart sâles, dégoûtans, disent-ils ; toujours prêts à dire de grosses injures et à faire le coup de poing sans y être *invités*. Ils les trouvent sans aménité et sans formes extérieures ; enfin ils les méprisent et fuyent les occasions de se trouver nez à nez avec eux.

Mais quant à messieurs les *achetés*, oh ! ils les détestent et les traitent *d'intendans de province*, et encore pis, quand ils s'y mettent. Ils les trouvent pêtris d'orgueil et d'impertinence, d'un républicanisme de *janséniste*, c'est-à-dire, plus austère le jour que la nuit ; ils disent que ce sont des infriguans qui, couverts du manteau républicain, ne sont dans le fond que des hommes de mauvaise foi, des ignorans et des *loups-garoux*. Ne leur en parlez jamais : ils les ont en horreur.

Leur costume n'est point uniforme, mais néanmoins brillant et luxueux. Ils font une chère de fermiers généraux ; leur cœur est une forteresse impénétrable, personne n'y a accès. Le remords est sorti de leur ame et en a fermé la porte. C'est envain que le malheureux y frapperait : il en entendrait sortir un grand *nescio vos* qui l'effrayerait. Ils désirent un changement de choses, quoi qu'il en arrive, tant ils craignent que la justice républicaine ne leur fasse un jour rendre gorge.

Ils ont un air bouffi, l'œil luxurieux, la démarche impudente, mais peu assurée ; ils sont ordinairement couverts d'un énorme chapeau rond où est une imperceptible cocarde. Au reste, on les voit moins que les autres classes ; ne paraissant jamais dans les assemblées du peuple et se montrant dans les rues sur de beaux chevaux ou dans de superbes voitures.

Leur bannière n'a que deux couleurs : l'on ne sait pourquoi ils ne veulent pas de rouge : leur devise est : *abondance de bien ne nuit pas.*

CINQUIÈME CLASSE

Est enfin celle des Systématiques.

Ce sont des hommes à vieux préjugés, entichés de leurs systêmes, si fort entachés et tellement encroutés du péché originel, qu'il ne faut rien moins qu'un demi siècle pour qu'il n'en soit plus question du tout. Leur parti est pris. Ils n'aiment point la république. Ils attendent toujours, comme le juif, l'arrivée du messie. Sitôt qu'il tonne dans un coin de la France, ils sortent sur-le-champ de leurs niches secrètes et vont voir d'où vient le bruit. Si rien ne paraît, ils se renferment encore, et font un nouveau plan d'arrivée. En public, ils ne disent ni bien, ni mal du Gouvernement. Ils détestent souverainement la classe des *achetés*, mais plus encore celle des *enrichis*, et ne peuvent comprendre que des hommes qui n'étaient ci-devant que des rats-de-cave, des cour-

Le Systematique.

tauts de boutique , des escrocs, des aven-
turiers , des valets de l'ancien régime ;
leurs propres laquais à eux-mêmes,
puissent en 24 heures se trouver des
Crésus , afficher un luxe qui arrache
l'ame du pauvre rentier , se promener
fastueusement avec des *catins* dans des
voitures qu'ils leur ont volées, disent-ils,
au nom de la loi.

Tous les quinze jours , ils ont un costume différent, et à peine sont-ils unpeu
signalés , qu'ils en changent de suite : le
tailleur perd quelque fois beaucoup à
cela. Ils sont pour la plûpart maigres,
rêveurs et chagrins ; fanfarons et ta-
quins , timides et hardis sans prudence,
compromettant tous ceux qu'ils em-
ployent et dont ils se servent ; les aban-
donnant dans le péril ; n'ayant entr'eux
ni accord ni liaison ; fanatiques sans
religion , royalistes par entêtement et
par orgueil : voilà nos *systématiques*.

Leur bannière est blanche ; semée
de petites croix-rouges et de fleurs-de-

lys en or , et surmontée de cravattes vertes : leur devise : *ça ne durera pas toujours.*

En subdivisant encore ces cinq classes , vous y trouverez les insouciants et les *piaillards.* Vous y trouverez un genre de royalistes et de fanatiques qui détestent la République , mais qui veulent bien néanmoins avoir la *bonté* de s'enrichir à ses dépens, en achetant à vil prix ses domaines nationaux, eux qui n'aguère traitaient de scélérats ceux qui se permettaient pareilles gentillesses : *quantum mutatus ab illo !*

Mais , comme il ne faut pas tout dire en un jour , et qu'au reste ces messieurs ne sont point dangereux, nous en parlerons un autre fois.

BEAUVERT.

www.ingramcontent.com/pod-product-compliance
Lightning Source LLC
Chambersburg PA
CBHW061834060726
47597CB00008B/3497